Toxische Beziehungen

ANZEICHEN EINER TOXISCHEN BEZIEHUNG

UND WIE SIE ES SCHAFFEN, SICH DARAUS

ZU LÖSEN

Inhaltsverzeichnis

Was genau Sie hier erwartet.............................2

Kapitel 1: Wie entstehen toxische Beziehungen.............................11

Wieso verhält sich Ihr Gegenüber so?........12

Kapitel 2: Anzeichen einer toxischen Beziehung.............................19

So erkennen Sie eine toxische Beziehung20

Kapitel 3: Wie Sie am besten mit toxischen Beziehungen umgehen.............................32

Wann sollten Sie den Schlussstrich ziehen?.............................33

Schlusswort.............................43

Impressum.............................46

WAS GENAU SIE HIER ERWARTET

Bevor es losgeht, möchte ich ein für mich persönlich sehr wichtiges Thema ansprechen: Angemessen über toxische Beziehungen zu sprechen ist schwieriger, als man vielleicht denkt, und oft vergreifen sich die, die es versuchen, im Ton. Im Internet wird das Thema oft leichtfertig in 500 Wörter-Artikeln oder Foren angesprochen und diskutiert. Der leichtfertige Umgang mit dem Thema hat mich bei meinen Recherchen geschockt.

In den meisten Fällen wird völlig außer Acht gelassen, wie schwerwiegend die Folgen einer toxischen Beziehung tatsächlich sind. Es gibt nämlich einige Menschen, die sich nie richtig von einer toxischen Beziehung erholen und oft jahrelang unter den

Spätfolgen leiden. Toxische Beziehungen sind nämlich eine Art von Sucht. Aus irgendeinem Grund, den wir selbst meist nicht erklären können, zieht es uns immer wieder zu den für uns toxischen Personen zurück.

Unsere Gedankengänge sind dabei alles andere als rational: Wir haben zwar bereits verstanden, dass derjenige nicht gut für uns ist und dass wir uns von ihm entfernen sollten, können uns aber trotzdem nicht emotional von ihm lösen.

Ich selbst habe mich über einen recht kurzen, aber intensiven Zeitraum in einer toxischen Partnerschaft befunden und mich erfolgreich daraus befreit. Dennoch habe auch ich unter den Spätfolgen gelitten und mich sehr schwergetan damit, endgültig Abstand zu gewinnen. Das, worüber ich hier schreibe, habe ich also selbst erlebt. Deshalb kann ich nachvollziehen, wie viel Überwindung es Sie wahrscheinlich gekostet hat, dieses Buch überhaupt aufzuschlagen und jetzt zu lesen, was ich Ihnen hier sagen möchte.

Dennoch ist es ein wichtiger großer Schritt, dass Sie das getan haben. Wenn Sie nämlich den Verdacht haben, etwas stimmt in einer Ihrer Beziehungen nicht und dass Ihr Gegenüber Ihnen vielleicht bewusst schadet, ist da meistens tatsächlich etwas dran. Unser Unterbewusstsein erkennt Dinge nämlich oft, bevor wir sie bewusst erkennen können.

Die US-amerikanische Talkshow-Moderatorin Oprah Winfrey widmet genau diesem Thema mit „Life first speaks to you in a whisper" eine Folge ihres Podcasts „SuperSoul Conversations". Was genau damit gemeint ist, ist das Folgende: Wenn wir ein schlechtes Gefühl haben und uns unterbewusst eine innere Stimme von etwas abrät, neigen viele von uns dazu, diese Stimme zu ignorieren. Wenn wir genau das tun, spitzt sich die Situation nur weiter zu und das bis zur Eskalation. Genauso ist es bei toxischen Beziehungen. Wenn sie die Alarmglocken kontinuierlich ignorieren, wird die Situation nur schlimmer und nicht besser.

Toxische Beziehungen äußern sich auf viele verschiedene Arten. Oft entwickeln sich die schädlichen Elemente erst mit der Zeit oder sind lange versteckt. In jedem Fall ist es meistens schon recht früh, dass eine Stimme in unserem Kopf leise zu uns sagt: „Nein".

Meistens wird diese Stimme jedoch von uns ignoriert oder abgetan und das immer wieder. Irgendwann kommen Stimmen von einem Freund oder Verwandten dazu. Dann werden es immer mehr Stimmen und irgendwann verliert unser gesamtes Umfeld das Verständnis dafür, warum wir uns diese Beziehung überhaupt noch antun. Der Punkt, an dem wir hätten gehen sollen, ist zu diesem Zeitpunkt schon längt überschritten. Zu spät ist es jedoch nie.

Was toxische Beziehungen so gefährlich macht, ist der große Einfluss, den die Meinung unserer Nächsten auf uns hat. Ein Seitenhieb unseres Partners verletzt uns mehr als der eines Fremden. Wenn uns ein guter Freund beleidigt, fühlen wir uns mehr angriffen, als wenn ein entfernter Bekannter das tut. Wir Menschen haben ein starkes Bedürfnis, von unserem nahen Umfeld gemocht zu werden. Wenn also jemand, zu dem wir ein sehr enges Verhältnis haben, uns negativ beeinflusst, hat das sehr starke Auswirkungen auf uns.

Es will einfach nicht in unseren Kopf, warum jemand, den wir lieben und für den wir alles tun würden, uns absichtlich schaden möchte und uns immer wieder verletzt. Wir neigen dazu, es uns schön zu reden mit Dingen wie „Ach, sie hatte heute nur einen schlechten Tag" oder „Sonst ist er gar nicht so".

Toxische Beziehungen kratzen stark an unserem Selbstbewusstsein. Oft wird uns nämlich implizit oder explizit gesagt, wir seien minderwertig, schwach oder schlecht. Die Folgen sind dabei verheerend. Neben Suizidgedanken und selbstverletzendem Verhalten oder Essstörungen haben Betroffene auf lange Sicht auch mit körperlichen Symptomen wie Migräne oder Magengeschwüren zu kämpfen. Ich selbst habe als Folge meiner toxischen Beziehung jahrelang mit einer Bulimie gekämpft und mich nur sehr mühsam davon erholt.

Menschen, die sich uns gegenüber toxisch verhalten, haben übrigens auch ein sehr großes Gewaltpotential. In den meisten Fällen von häuslicher Gewalt zum Beispiel geht den Gewaltakten eine lange toxische Beziehung voraus. Denn wer bereit ist, uns psychisch zu verletzen, hat auch eine höhere Bereitschaft dafür, uns körperlich zu schädigen.

Warum eine Beziehung toxisch ist oder wird, kann viele verschiedene Gründe haben. Um sich aus ihr zu befreien, ist es wichtig, zu wissen, woher sie kommt und wie sie entstanden ist. Dabei ist jedoch zentral, den Fehler nicht bei sich selbst zu suchen. Es geht darum, dass Sie verstehen, warum die Dinge sind, wie sie sind, und nicht darum, ihr Gegenüber zu verstehen und es dadurch zu rechtfertigen.

Die meisten toxischen Personen haben nämlich ein großes Problem mit sich selbst, das irgendwo seine Ursachen hat. Sie sind dabei nur das aktuelle Subjekt, an dem sich diese Probleme entladen.

Stattdessen soll es im Folgenden darum gehen, wie Sie lernen, Ihre toxischen Beziehungen zu handhaben und mit Ihnen umzugehen. Erlauben Sie sich dabei, kurzzeitig die ganze Schuld von sich wegzuschieben und nur Ihren Verwandten, Freund oder Partner zu betrachten.

Damit dieses Buch Sie weiterbringt, ist das Folgende wichtig: Seien Sie ehrlich mit sich selbst und erlauben Sie sich, die mutmaßlich toxische Beziehung zu hinterfragen. Es gibt hier nur Sie und dieses Buch! Niemand wird Sie hier verurteilen oder in Frage stellen. Sie haben alle Zeit und Privatsphäre der Welt. Machen Sie sich

Notizen und genehmigen Sie sich Pausen, falls Sie welche brauchen.

Das Endziel dieses Buches ist es, Ihnen Klarheit darüber zu verschaffen, ob eine Ihrer engsten Beziehungen toxisch ist und, wenn das der Fall ist, wie es Ihnen gelingt, den Absprung zu schaffen.

Ich wünsche Ihnen dabei von Herzen viel Erfolg!

KAPITEL 1: WIE ENTSTEHEN TOXISCHE BEZIEHUNGEN

Die meisten toxischen Beziehungen gehen zu Lasten einer Person und wirken sich dafür positiv auf die andere Person aus: Immer, wenn unser Gegenüber uns ein schlechtes Gefühl einredet, erhält er dadurch gleichzeitig automatisch ein gutes Gefühl. Das Verhältnis zwischen beiden Partnern ist also unausgeglichen. Die Auslöser für derartige toxische Beziehungen sind häufig Traumata, Selbstzweifel oder Minderwertigkeitskomplexe, und zwar nicht bei Ihnen, sondern bei der für Sie toxischen Person! Dennoch hinterlässt der Kontakt mit einer toxischen Person in der Regel in Ihnen viele Fragen und eine der präsentesten ist wohl: Warum macht er/sie das?

Wieso verhält sich Ihr Gegenüber so?

Mit Sicherheit haben Sie schon einmal den Satz gehört: Die Freiheit des Einzelnen endet dort, wo die Freiheit des anderen beginnt. Er stammt von dem Philosophen Immanuel Kant und sagt im Prinzip aus, dass die Grenzen unseres Verhaltens dort liegen, wo es jemand anderen stört, verletzt oder belastet. Wir Menschen dürfen uns so weit entfalten, wie es niemanden in seiner Entfaltung behindert.

In einer toxischen Beziehung werden diese Grenzen ignoriert oder sogar bewusst überschritten. Ihr Gegenüber nutzt die Überschreitung der Grenzen Ihrer persönlichen Freiheit aus, um die eigene persönliche Freiheit zu erweitern.

Das ist also, was eine toxische Person macht: Sich selbst auf Ihre Kosten besser zu fühlen.

Die Frage ist jedoch, warum macht derjenige das und warum hat er gerade Sie dafür ausgewählt?

In den meisten Fällen liegt das Problem gänzlich in der Psyche, dem Charakter oder der Vergangenheit der toxischen Person. Wissen Sie von irgend etwas, das der Person widerfahren ist und ihren Charakter negativ geprägt haben könnte? Gab es vielleicht sogar vor kurzer Zeit einen Auslöser, der die Person stark verändert hat?

Diese Frage stellen sie sich nicht etwa, um das Verhalten der Person vor sich und der Welt zu rechtfertigen, sondern lediglich, um zu verstehen, woher die aktuelle Situation kommt. Auch, um sich in Zukunft früher von derartigen Situationen zu entfernen.

An dieser Stelle muss differenziert werden. Es gibt Dinge wie zum Beispiel ein kürzlich erlebter Verlust oder eine schwere Krankheit oder Sucht, die Menschen toxisch für ihr Umfeld machen können. Trauer, Frust und Entzug beherrschen die Betroffenen meistens und sie sind ungerecht zu ihren Nächsten. Diese Art von toxischer Beziehung ist meistens von keiner Seite gewollt und geschieht nicht aus der „Bösartigkeit" einer Person. Dennoch sind auch diese Beziehungen toxisch und es ist wichtig, dass Sie sich auch hier eingestehen, dass sie Ihnen nicht guttun.

Dann gibt es auch das Gegenbeispiel. Psychische Störungen wie Narzissmus sind häufig ein Auslöser für toxisches Verhalten, vor allem in Partnerschaften. Ein anderes Beispiel ist auch toxisches Verhalten aus Rache. Vielleicht haben Sie irgendwann etwas getan oder gesagt, das Ihr Gegenüber verletzt hat, und er oder sie möchte Ihnen das jetzt mit seinem Verhalten heimzahlen. In solchen Beziehungen ist es gut möglich, dass der anderen Person ihr Leid sogar Vergnügen bereitet.

Grundsätzlich gilt für beide Fälle: Das Problem liegt nicht bei Ihnen und ist es nicht Ihre Aufgabe, es zu lösen! Sie können und müssen niemanden tragen, retten oder unterstützen, der es objektiv oder in Ihren Augen eigentlich nicht verdient. Sie sind außerdem nicht der Psychiater oder Arzt Ihres Partners und somit auch nicht in der Verantwortung, etwas dagegen zu unternehmen. „You don't owe anybody anything"- Sie schulden niemandem irgendetwas.

Die Frage ist nun: Warum hat sich derjenige gerade Sie dafür ausgesucht und nicht irgendwen anders aus seinem Umfeld? Die Antwort darauf ist leicht zu geben: Weil Sie zulassen, dass man Sie so behandelt.

Das ist eine harte und unangenehme Wahrheit! Sich das einzugestehen ist schwierig. Ich selbst habe mich sehr geschämt, als ich vor mir selbst zugeben musste, dass ich meinen Partner habe machen lassen und mich nicht ausreichend gewehrt habe.

Die Erkenntnis, dass man selbst durch die eigene Passivität seinen Anteil zu der toxischen Beziehung beiträgt, ist mit großer Scham verbunden. Was ich Ihnen hier sagen möchte, ist, dass Sie keinen Grund haben, sich zu schämen. Dass Sie an dem Punkt angekommen sind, an dem Sie das Gefühl haben, Sie müssten sich schämen, ist ein großer Fortschritt! Es bedeutet, dass sie erkannt haben, was mit Ihnen gemacht wurde, und Einsicht ist bekanntlich der erste Schritt zur Besserung!

Ihr Gegenüber ignoriert und überschreitet Ihre persönlichen Grenzen, weil Sie sie ihm gegenüber nicht ausreichend und vehement genug verteidigen. Was Sie sich jedoch bewusst machen müssen, ist das Folgende: Diese persönlichen Grenzen stehen Ihnen zu! Und wenn Sie sich in einer Beziehung befinden, in der Sie diese kontinuierlich verteidigen müssen, dann stimmt etwas nicht.

Sie mussen sich von niemandem beleidigen, bedrohen oder kleinreden lassen. Sie müssen nicht akzeptieren, dass man Sie verunsichert, beschimpft oder sogar gewalttätig Ihnen gegenüber wird. Sie müssen keine Art von Respektlosigkeit akzeptieren.

Niemand hat einen Anspruch darauf, Sie so zu behandeln. Niemand! Es ist wichtig, dass Sie sich das bewusst machen, bevor Sie weiterlesen. Als Nächstes soll es nämlich darum gehen, was Ihre Beziehung möglicherweise toxisch macht und woran Sie konkret erkennen können, dass etwas nicht stimmt.

Dafür müssen Sie offen sein und nicht von vorneherein aus Mitgefühl, Verantwortungsgefühl oder Loyalität mit der Einstellung an die Sache herangehen, sie müssten die toxische Person verteidigen. Das müssen Sie nämlich nicht!

Machen Sie weiter, sobald sie so weit sind. Sie haben alle Zeit der Welt.

KAPITEL 2: ANZEICHEN EINER TOXISCHEN BEZIEHUNG

Es wurde bereits ausführlich darüber gesprochen, was toxische Beziehungen sind und wie sie entstehen. Was jedoch für Sie vielleicht wichtiger ist, ist die Frage, woran man erkennt, dass man sich in einer toxischen Beziehung befindet. Was sind Verhaltensmuster, Merkmale oder Situationen, die charakteristisch für toxische Beziehungen sind? Die Antwort darauf soll Ihnen dieses Kapitel geben.

So erkennen Sie eine toxische Beziehung

Alle toxischen Beziehungen sind verschieden. Deshalb können sie sich auch verschieden äußern und haben möglicherweise Elemente, die in anderen gleichartigen Beziehungen nicht auftauchen. Hier soll es jedoch um ein paar Charakteristika gehen, die sich in den meisten toxischen Beziehungen finden lassen. Dabei kann es sich um alle möglichen Arten von Beziehungen handeln.

Im Grundsatz gilt: Je enger die Beziehung, desto toxischer kann sie werden. Häufig betroffen sind Partnerschaften, enge Freundschaften und die Verhältnisse zu Eltern oder Geschwistern. Letztere sind in der Regel am schwierigsten abzubrechen und haben den schwerwiegendsten Einfluss. Meistens haben sie ihre Ursache nämlich schon in der Kindheit und beeinflussen die Betroffenen deshalb über Jahrzehnte negativ, bevor sie etwas dagegen unternehmen können.

Eines der deutlichsten und häufigsten Anzeichen einer toxischen Beziehung ist, dass Sie und ihr Gegenüber kontinuierlich in Konflikte miteinander geraten. Der Ausgang ist dabei immer derselbe: Sie sind der Schuldige und fühlen sich am Ende verantwortlich. Man redet Ihnen ein, die von Ihnen angesprochenen Punkte seien unnötig oder sogar lächerlich gewesen. Sie fühlen sich wie der „Verlierer" des Streits und das jedes Mal. Das führt auf Dauer dazu, dass Sie sich nicht mehr trauen, Probleme anzusprechen und viel zu viele Dinge runterschlucken, über die Sie eigentlich gerne mit Ihrem Gegenüber sprechen würden. Dieses Merkmal lässt sich vor allem in toxischen Partnerschaften finden.

Ein weiteres Anzeichen ist, dass diese Konflikte häufig ausufern. Sie haben das Gefühl, Ihr Gegenüber sagt regelmäßig willentlich und wissentlich Dinge, die Sie tief treffen. Vielleicht spielt er mit einer Ihrer Unsicherheiten und bringt kontinuierlich bereits beigelegte Streitigkeiten auf den Tisch, in denen Sie sich falsch verhalten haben. In jedem Fall bereitet er Ihnen bewusst ein schlechtes Gefühl und möchte, dass Sie sich als für Auslöser der gemeinsamen Probleme halten. Im Prinzip liegt hier ein klassischer Fall von „drauftreten, während Sie auf dem Boden liegen" vor. Im Falle eines toxischen Eltern-Kind oder Geschwisterverhältnisses werden in derartigen Konflikten oft Vergleiche nach dem Motto „Dein Bruder/deine Schwester hat das schon immer besser gemacht" auf den Tisch gebracht. Freunde werden in solchen

Momenten wahrscheinlich Situationen erwähnen, für die Sie sich sehr schämen.

Behalten Sie hier jedoch im Hinterkopf, dass zwei charakterstarke Menschen häufig aneinandergeraten, auch ohne, dass ein ungesundes Verhältnis zwischen Ihnen besteht. Selbstverständlich ist also nicht sofort jede Beziehung toxisch, wenn Sie beide hin und wieder heftig streiten. Wichtig ist dabei jedoch, dass es sich um Streitereien und Diskussionen auf Augenhöhe handelt und beide Seiten ihre Grenzen kennen. Ist das nicht der Fall und Sie sind derjenige, der immer den Kürzeren ziehen muss, so liegt hier eindeutig ein Problem vor.

Das Gegenextrem kann übrigens auch problematisch sein, also wenn Sie nie mit der toxischen Person streiten oder diskutieren. Das deutet nämlich darauf hin, dass Sie Dinge, die Sie stören, bewusst unterdrücken oder sich nicht trauen, irgendwas anzusprechen.

Ein weiteres Anzeichen für eine toxische Beziehung ist, dass die möglicherweise toxische Person bewusst sehr viel Kontakt zu Ihnen sucht. In Beziehungen äußert sich das meistens darin, dass Ihr Partner darauf besteht, alles zusammen zu machen und Sie nicht mehr alleine zu Freunden oder Familie gehen lässt. In Freundschaften wird es sich so äußern, dass Ihr Freund oder Ihre Freundin sich regelrecht aufdrängt, dann aber lediglich seine oder Ihre schlechte Laune an Ihnen auslässt. Ein toxisches Familienmitglied ruft Sie möglicherweise mehrfach täglich an oder steht regelmäßig unerwartet vor der Haustür, jedoch nur mit der Intention, Ihnen ein schlechtes Gewissen oder Vorwürfe zu machen.

In jedem Fall baut die Person ein unangenehmes Maß an Kontakt und Nähe zu Ihnen auf mit dem alleinigen Ziel, Sie zu kontrollieren. Die Omnipräsenz der Person hinterlässt in Ihnen ein unangenehmes Gefühl und Sie sind unzufrieden damit.

Wahrscheinlich haben Sie sich jedoch bisher nicht getraut, es anzusprechen, weil Sie vermuten oder wissen, dass ihr Gegenüber ohnehin nicht auf Ihre Bitten und Bedürfnisse reagieren wird. Vielleicht haben Sie es aber auch bereits versucht und das Gespräch hat sich zu einer ihrer üblichen Streitereien entwickelt, in der Sie mal wieder als Verlierer aus dem Gespräch herausgegangen sind.

Ein weiterer Indikator ist Neid. Reagiert Ihr Gegenüber komisch darauf, wenn Sie erfolgreich bei irgendetwas sind? Wertet er Ihre Erfolge und Leistungen ab? Kann er oder sie sich scheinbar einfach nicht für Sie freuen? Wenn ja, dann ist das kritischer, als Sie vielleicht denken. Es geht dabei meistens darum, dass die toxische Person das, was Sie haben, auch gerne hätte und nicht damit zurechtkommt, dass Sie es bereits erreicht haben. Ihr Gegenüber glaubt wahrscheinlich nicht ausreichend an sich selbst und sieht sich nicht in der Lage, das zu erreichen, was Sie erreicht haben. Vielleicht ist er oder sie aber auch einfach unzufrieden mit seiner aktuellen Lebenssituation und macht Ihnen deshalb die Ihre madig. In jedem Fall ist der Neid schädlich für beide Seiten, denn niemand ist im Endeffekt zufrieden mit der Situation.

Daraus wird eine Extremform, wenn ihr Gegenüber anfängt, Sie bewusst dafür niederzumachen, was er oder sie eigentlich an Ihnen bewundert. Die Intention dabei ist, Ihnen Unsicherheiten einzureden, für die es überhaupt keinen Grund gibt. Man möchte, dass Sie sich genauso schlecht fühlen wie die toxische Person. Diese „Wenn ich unglücklich bin, müssen alle unglücklich sein" Einstellung ist charakteristisch für eine toxische Beziehung.

Manchmal wird Ihnen die Person abwertende Dinge direkt ins Gesicht sagen. Manchmal jedoch nur hinter Ihrem Rücken. In jedem Fall wird sie sicherstellen, dass Sie es mitbekommen und dass es Sie trifft. Möglicherweise wird die andere Person Sie auch vor anderen abwerten, vor Ihrer Familie oder Ihren Freunden. Dadurch fühlen Sie sich schlecht und die andere Person auf Ihre Kosten besser. Auch hier liegt also ein klassisches Beispiel für toxische Verhaltensweisen vor.

Außerdem charakteristisch ist, dass sich die toxische Person zu gerne als Ihr Retter und

Helfer aufspielt. Ihnen wird suggeriert, Sie könnten nichts alleine und seien vollkommen abhängig von der toxischen Person. Für die allumfassende Unterstützung müssten Sie Ihr dankbar sein. Dankbar für ihre Zeit und Aufmerksamkeit. Dankbar dafür, dass jemand, der eigentlich viel zu gut für Sie ist, sich mit Ihnen beschäftigt. Sobald Ihnen ein derartiges Verhalten in der anderen Person auffällt, ist Ihr Verhältnis nicht mehr ausgeglichen. Eine Seite stellt sich über die andere. Das ist alles andere als gesund und geht zu Lasten Ihres Selbstwertgefühls. Dieses Merkmal ist vor allem in Eltern-Kind Verhältnissen sehr problematisch, da die Kinder dadurch schon oft mit einem geringen Selbstwertgefühl aufwachsen.

Grundsätzlich gilt außerdem immer: Sie sind schuld. Egal was passiert ist. Egal wo die Ursache für den Konflikt liegt. Immer sind

Sie dafür verantwortlich, dass es sich so entwickelt hat. Ihr Gegenüber stellt sich selbst dabei gerne als unfehlbar dar und wird Ihnen im Prinzip sagen, dass Sie jemanden wie ihn oder sie gar nicht verdient haben. Denn Sie sind bloß schwach, dumm und unfair. Dabei wird Ihr Gegenüber sich wahrscheinlich die Schwäche aussuchen, an der Sie selbst am meisten zweifeln, und Sie damit weiter verunsichern.

Ein weiteres typisches Merkmal von toxischen Beziehungen ist, dass der toxische Partner häufig Angst davor hat, dass Sie sich weiterentwickeln oder verändern. Er wird Ihnen immer von Veränderungen oder Verbesserungen abraten, weil er fürchtet, dadurch seine Macht und Kontrolle über Sie zu verlieren. Die Basis für eine toxische Beziehung ist nämlich immer Kontrolle. Man will Sie emotional kontrollieren und will, dass Sie sich kontrollieren lassen. Dafür ist jedes Mittel recht. Unter anderem auch Manipulation oder sogar körperliche Gewalt.

Körperliche Gewalt ist ein heikles und sehr sensibles Thema, weshalb ich hier nur kurz etwas dazu sagen möchte. Wenn eine Person, die Ihnen nahesteht, Ihnen gegenüber gewalttätig wird, ist das immer ein Anzeichen dafür, dass die Beziehung hochgradig toxisch und ungesund ist.

In diesem Fall ist immer die Reißleine zu ziehen! Dennoch ist mir bewusst, dass das leichter gesagt als getan ist. Vor allem, weil jemand, der bereits gewalttätig wurde, wahrscheinlich auch immer wieder bereit ist, es erneut zu werden.

Für diesen Fall gilt immer: Wenden Sie sich an entsprechende professionelle Hilfseinrichtungen und/oder die Polizei.

⇒ Hilfetelefon „Gewalt gegen Frauen": 08000 116016

$\Rightarrow$ Bei akuter Bedrohung wählen Sie 110 oder erstatten Sie Strafanzeige

$\Rightarrow$ Telefonseelsorge: 0800 1110111

$\Rightarrow$ Opferhilfeorganisation WEISSER RING (www.weisser-ring-de)

$\Rightarrow$ Weitere Rechts-, Familien- und Opferberatungsstellen

KAPITEL 3: WIE SIE AM BESTEN MIT TOXISCHEN BEZIEHUNGEN UMGEHEN

In diesem Kapitel kommen wir zu der wohl wichtigsten Frage dieses Buches: Was können Sie gegen Ihre Situation machen? Wie beendet man eine toxische Beziehung am besten? Diese Frage ist natürlich alles andere als leicht zu beantworten. Nicht alle toxischen Beziehungen sind gleich, genauso wenig, wie alle Menschen gleich sind. Dennoch soll dieses Kapitel Lösungsansätze für verschiedene Situationen geben, von denen hoffentlich der ein oder andere nützlich für Sie werden kann.

Wann sollten Sie den Schlussstrich ziehen?

Zunächst einmal müssen wir differenzieren, wie toxisch die Beziehung ist, aus der sie sich befreien möchten. Ist die Person Ihnen gegenüber bereits körperlich gewalttätig geworden? Hat sie Sie ernsthaft bedroht oder erpresst?

In einem solchen Fall reicht ein einfacher Schlussstrich meist nicht mehr aus. Für eine solche Situation müssen Sie sich darauf vorbereiten, die im vorherigen Kapitel aufgelisteten Kontaktdaten zu verwenden und die Polizei oder eine andere Schutzeinrichtung zu kontaktieren.

Der erste Schritt ist jedoch bei allen toxischen Beziehungen erstmal ein anderer: Sprechen Sie mit Personen Ihres Vertrauens darüber, was Ihnen passiert ist. Sprechen Sie darüber, warum Sie das Verhältnis belastet und was alles vorgefallen ist. Gemeinsam können Sie dann alle weiteren Schritte überlegen und besprechen. Das kann auch wichtig sein, damit es jemanden gibt, der im Notfall Ihre Angaben bestätigen kann und bezeugen kann, dass tatsächlich ein toxisches Verhältnis vorliegt. Vielen Opfern von häuslicher Gewalt wird nämlich häufig nicht geglaubt, weil sie oft sogar jahrelang aus Scham über ihr Schicksal geschwiegen haben. Dabei bietet es sich an, professionelle Hilfe zu suchen, und mit einer Telefonseelsorge oder sogar einem Psychiater zu sprechen.

Die Frage ist nun: Wie gehen Sie am besten mit toxischen Beziehungen um, die (noch) nicht akut gefährlich für Sie geworden sind? Im Prinzip gibt es darauf nur eine Antwort: Sie müssen Abstand gewinnen! Am Anfang des Buches habe ich erwähnt, dass es Menschen gibt, die sich durch ein bestimmtes Erlebnis, eine Krankheit oder eine Sucht, temporär toxisch auf ihre Mitmenschen auswirken. In diesem Fall ist die beste Lösung, ein Ultimatum zu stellen: „Ich nehme erst einmal Abstand von dir. Wenn du möchtest, dass wir wieder in Kontakt treten, muss xy in Ordnung gebracht werden."

Wichtig ist hierbei, dass Sie bei der Entscheidung bleiben und nicht reumütig zurückkehren, bevor die Bedingung für Ihre Rückkehr erfüllt ist. Außerdem gilt, dass die toxische Person Ihnen zuerst beweisen muss, dass sie sich geändert hat. Das Verhältnis darf und soll nicht sofort wieder wie vorher werden.

Das ist alles andere als leicht! Vor allem, wenn es sich bei der toxischen Beziehung um ein Elternteil oder Ihren Partner handelt und wenn Sie mit der toxischen Person zusammenleben. In letzterem Fall gilt, dass Sie unbedingt temporär ausziehen oder verlangen sollten, dass die toxische Person auszieht.

Im Fall einer permanent toxischen Beziehung gilt immer: Hier müssen Sie endgültig die Reißleine ziehen. Denn die unschöne Wahrheit ist, dass die Beziehung nicht von alleine besser wird, wenn Sie abwarten und ihr Leid aussitzen. Eine toxische Beziehung ist kein Kampf, den Sie gewinnen müssen oder können. Es geht nicht darum, wer länger auf dem sinkenden Schiff ausharren kann, sondern wer es schafft, so schnell wie möglich ins Rettungsboot zu springen und davon zu rudern.

Was diese Metapher im Prinzip aussagt, ist, dass es für Sie nur schlecht ausgehen kann, wenn sie bleiben. Ihr Partner wird sich nicht von alleine ändern, schon gar nicht, wenn er das Problem nicht sieht oder sogar Gefallen an der aktuellen Situation findet. Sobald Sie also die Möglichkeit sehen zu gehen und sich bereit dafür fühlen, tun Sie es.

Die erste Zeit nach einer toxischen Beziehung ist meist sehr hart. Sie werden sich fühlen, als würde etwas fehlen. Bei diesem Prozess ist es sehr wichtig, dass Sie sich professionelle Hilfe suchen. Beispielsweise könnten Sie sich ambulant oder stationär behandeln lassen, oder falls Ihnen das ausreicht, mit Büchern wie diesem und verschiedenen Selbstfindungstechniken arbeiten. Meditation und Yoga bieten sich ebenfalls sehr an. Aber auch grundsätzlich Beschäftigung und Hobbies. Je weniger Zeit Sie haben, sich auf das Ende der toxischen Beziehung zu konzentrieren, desto weniger versinken Sie in düsteren Gedanken. Es ist wichtig, dass Sie sich in der Zeit nach einer toxischen Beziehung auf sich selbst konzentrieren! Trauen Sie sich zu, etwas Neues zu probieren, und entwickeln Sie neue Interessen, die Sie sich bisher versagt haben. Das Ziel ist es, wieder an einen Punkt von Selbstzufriedenheit zurückzufinden. Sie sollen das Selbstbewusstsein zurückerlangen, das Ihnen genommen wurde.

Der Prozess bis dahin ist lang und auch nicht ganz schmerzfrei. Immer wieder werden Sie an Ihrer Entscheidung zweifeln und mehr als einmal kurz davor sein, reumütig zu der toxischen Person zurückzugehen. Das große Problem an Ihrem toxischen Verhältnis ist nämlich das Folgende: Ihr Partner hat Sie von ihm abhängig gemacht. Studien zeigen, dass Menschen, die sich von einer toxischen Beziehung erholen, oft ähnlich auf den

„Entzug" reagieren wie Menschen, die unter Alkoholismus leiden. Es wird sich also für Sie anfühlen, als würden Sie Ihren toxischen Freund oder Partner brauchen.

Es ist darum sehr wichtig, einen sauberen Neuanfang ohne Einfluss der toxischen Person zu schaffen. Deshalb ist wichtig, dass Sie die Person nur so weit in Kenntnis setzen, wie Sie in Kenntnis gesetzt werden muss. Am besten kommt es jedoch zum vollständigen Kontaktabbruch. Die wichtigste Regel in so einem Fall ist also: Distanzieren Sie sich! Kompliziert wird es natürlich, wenn der vollständige Kontaktabbruch nicht möglich ist. Beispielsweise, wenn gemeinsame Kinder im Spiel sind oder es sich um ein Elternteil oder Geschwister handelt.

Reduzieren Sie den Kontakt in diesem Fall wirklich auf das Allernötigste. Seien Sie dabei immer ruhig und freundlich. Es hat keinen Sinn, mit einer toxischen Person zu diskutieren. Im Endeffekt werden nämlich Sie wieder derjenige sein, der sich am Ende des Gesprächs schlecht fühlt. Deshalb gilt: Gar nicht erst anfangen damit! Im Endeffekt wird die andere Person nämlich nur versuchen, Ihnen ein schlechtes Gewissen einzureden und Sie dadurch nur wieder unglücklich machen.

Geben Sie außerdem nichts preis, was Sie nicht preisgeben müssen. Alle privaten Informationen werden mit hoher Wahrscheinlichkeit früher oder später gegen Sie verwendet werden. Das Gleiche gilt vor allem für Informationen über Ihren aktuellen Beziehungsstatus. Ein ehemaliger toxischer Partner wird Ihnen das Glück wahrscheinlich nicht gönnen und versuchen, es Ihnen kaputt zu machen. Markieren Sie dieses Mal eindeutig Ihre Grenzen und lassen Sie nicht zu, dass sie erneut überschritten werden.

Es gilt also, insofern das möglich ist, der Grundsatz: Ein radikaler Schlussstrich ist die beste Lösung.

Die Frage, die sich Ihnen jetzt vielleicht stellt, ist wahrscheinlich: Muss der Schlussstrich für immer sein? Gerade wenn es sich bei der toxischen Person um ein Familienmitglied handelt, ist die Vorstellung, die Person nie wieder zu sehen oder vielleicht sogar die dazugehörigen Familienmitglieder zu verlieren, alles andere als ansprechend.

Die Antwort darauf muss individuell gefunden werden. Grundsätzlich gilt, dass auf jeden Fall erstmal Abstand notwendig ist. Wie lange Sie den Abstand brauchen und ob Sie ihn jemals aufgeben, ist Ihre Entscheidung. Es ist dabei jedoch zu beachten, dass allein schon die Erholung von einer toxischen Beziehung ein langwieriger Prozess ist, der Sie manchmal vielleicht an Ihre Grenzen bringen wird. Wenn Sie den Kontakt zu früh wieder aufnehmen, dann ist es gut möglich, dass sich alles wieder zurückentwickelt und all die Fortschritte, die Sie gemacht haben, umsonst waren.

Es muss alles nach Ihrem Tempo gehen. Lassen Sie sich nicht unter Druck setzen, irgend etwas zu tun oder vorschnell Entscheidungen zu treffen. Sie können frei entscheiden und sollen das auch tun. Entscheiden Sie mit Bedacht und nehmen Sie sich für alle Entscheidungen die Zeit, die Sie brauchen!

SCHLUSSWORT

An dieser Stelle ist es Zeit, mich zu verabschieden! Ich hoffe sehr, dass dieses Buch den ein oder anderen brauchbaren Ratschlag für Sie bereitgehalten hat. Mir war wichtig, in diesem Buch den richtigen Ton zu finden und deutlich zu machen: Es liegt nicht an Ihnen. Ich hoffe sehr, dass mir das gelungen ist!

Zum Abschied möchte ich, dass Sie sich diesen Satz verinnerlichen: Es liegt nicht an Ihnen. Ich hoffe außerdem, dass das Buch Sie bestärkt hat, für sich selbst einzustehen und zurückzufinden zu einer Identität und Lebenssituation, mit der Sie selbst wieder zufrieden sein können. Im Endeffekt werden Sie als stärkerer, neuer Mensch aus der Sache herausgehen. Behalten Sie im Hinterkopf, dass es nach dem Ende der toxischen Beziehung nur besser für Sie weitergeht!

Zum Abschluss ist es mir noch wichtig zu sagen, dass die Theorie immer leichter ist als die Praxis. Ratschläge und Tipps sind schön und gut, wie Dinge dann in der Realität ablaufen, ist meistens dann doch noch mal anders. Eine toxische Beziehung zu erkennen und sie zu beenden, ist nicht wie ein Schuh- oder Handtaschenkauf. Mir ist bewusst, wie schwer Sie sich mit der Entscheidung tun werden. Auch ich habe mich wahnsinnig schwergetan und lange mit mir selbst gerungen.

Dieses Buch ist ein Leitfaden basierend auf meinen persönlichen Erfahrungen, der einige Vorschläge und Grundsätze enthält. Wie und warum Sie sie umsetzen möchten, ist vollkommen Ihre Sache. Haben Sie Mut zur Eigeninitiative. Sie werden sehen, wie und ob sie sich mit Ihren Entscheidungen wohl fühlen.

Ich wünsche Ihnen an dieser Stelle Mut zu handeln und Kraft durchzustehen, was auch immer Sie gerade durchstehen müssen. Was auch immer es ist, ich möchte, dass Sie immer an sich selbst glauben. Sie sind stark und Sie verdienen, dass man Ihnen mit Respekt begegnet!

Auf Wiedersehen!

IMPRESSUM

Wichtiger Hinweis:

Die in diesem Buch enthaltenen Informationen dienen ausschließlich informativen Zwecken und dürfen unter keinen Umständen als Ersatz für eine professionelle Beratung oder Behandlung durch ausgebildete und anerkannte Ärzte angesehen werden. Diese beinhalten keinerlei Empfehlungen bezüglich bestimmter Diagnose- oder Therapieverfahren. Die Inhalte dürfen niemals als eine Aufforderung zur Selbstbehandlung oder als Grundlage für Selbstdiagnosen und -medikation verstanden werden. Die Informationen spiegeln lediglich die Meinung des Autors wieder. Der Autor übernimmt für die Art oder Richtigkeit der Inhalte keine Garantie, weder ausdrücklich noch impliziert.

Sollten Inhalte des Buches gegen geltendes Recht verstoßen, dann bittet der Autor um umgehende Benachrichtigung. Die betreffenden Inhalte werden dann umgehend entfernt oder geändert.